MANDALAS DE CURA

IMAGENS INSPIRADORAS PARA DESENHAR, COLORIR E MEDITAR
– ACOMPANHADAS DE INDICAÇÕES DE CORES COM BASE NA CROMOTERAPIA –

LISA TENZIN-DOLMA

Tradução
GILSON CÉSAR CARDOSO DE SOUSA

Editora
Pensamento
SÃO PAULO

UM CAMINHO PARA A PLENITUDE

QUANDO POUSAMOS O OLHAR NUMA MANDALA, NOSSA MENTE SE TORNA SERENA COMO A SUPERFÍCIE DE UM LAGO. DAS PROFUNDEZAS DESSA SERENIDADE EMERGEM PERCEPÇÕES QUE NOS AJUDAM A DESCOBRIR E DESENVOLVER NOSSOS PODERES DE CURA INATOS. AS MANDALAS PODEM TAMBÉM NOS CONFERIR MAIS PLENITUDE AO ESTREITAR A CONEXÃO COM NOSSA NATUREZA ESSENCIAL.

As mandalas assumem, muitas vezes, a forma de um círculo – forma que representa o eu, a Terra, o Sol, o cosmos e a plenitude que é o objetivo final desse tipo de meditação. Tomando esse caminho, avançamos rumo ao estado de totalização e compreensão de nossa verdadeira natureza, a qual, como o círculo da mandala, é ilimitada e perfeita. Vivenciar essa profunda sensação de unidade pode ser uma experiência inestimável de cura.

"Cura" é sinônimo de "totalizar-se" – atingir um estado de harmonia interna e externa. Para obter a cura, precisamos reequilibrar os desequilíbrios da mente e do espírito, o que, por sua vez, produz um efeito positivo no corpo. Entretanto, a meditação de mandala é bem mais que isso: ela também nos faz sentir mais completos, orientando-nos numa jornada de autoconscientização.

Hoje, mais que nunca, as pressões da vida moderna tornam urgente a necessidade de cura. À medida que trabalhamos cada vez mais, enfrentamos diariamente o trânsito, nem sempre temos tempo de comer de maneira saudável e não nos exercitamos nem relaxamos, as estatísticas relacionadas ao estresse vão aumentando proporcionalmente. As metas ambiciosas que estabelecemos para nós mesmos esgotam nossos recursos físicos, mentais e emocionais, provocando doenças, problemas de relacionamento e um senso generalizado de fracasso. Tudo isso são mensagens que devemos ouvir e acatar.

Felizmente, corpo e mente possuem uma imensa capacidade de autorregeneração. E, se nos descontraímos e nos retiramos para dentro de nós mesmos, podemos abrir espaço para ela. Tente a seguinte experiência. Cerre o punho e veja o que acontece: você se sentirá, com certeza, tenso e esgotado. Agora relaxe. Não se sente mais aberto, mais receptivo? O mesmo princípio se aplica à mente. Quando ela está estressada e sobrecarregada, seu corpo se sente tenso; mas quando ela está serena, seu corpo se sente sereno também, descontraindo-se de um modo que permite aos processos curativos internos começarem a trabalhar.

A cura começa num nível profundo que não podemos controlar conscientemente. Ela às vezes é espontânea e imediata, como uma engrenagem que desliza para seu encaixe. Outras, evolui com o tempo. A meditação de mandala nos

"O CORAÇÃO É O LUGAR ONDE ENCONTRAMOS
EPOUSO NA LUZ PURA E NA PURA CONSCIÊNCIA."

ABHINAVAGUPTA

(c. 975–1025 d.C.)

"SE VOCÊ QUER QUE OS OUTROS SEJAM FELIZES, PRATIQUE A COMPAIXÃO. SE VOCÊ QUER SER FELIZ, PRATIQUE A COMPAIXÃO."

SUA SANTIDADE O 14º DALAI LAMA

(NASCIDO EM 1935)

OCÊ DEVE SER UM LÓTUS, QUE ABRE SUAS PÉTALAS
UANDO O SOL DESPONTA E NÃO É AFETADO PELO
PÂNTANO ONDE NASCEU."

SAI BABA

(1838–1918)

"NOSSAS VIDAS SÃO COMO AS ILHAS NO OCEANO OU AS ÁRVORES NA FLORESTA, QUE MISTURAM SUAS RAÍZES NA ESCURIDÃO SUBTERRÂNEA."

WILLIAM JAMES

(1842–1910)

O céu e os oceanos proporcionam um adequado e relaxante pano de fundo para a mandala de cura, pois têm conotação simbólica positiva. O céu sugere liberdade, facilidade de movimentos e espiritualidade – a consciência, talvez, que nos dá forças para encarar a imperfeição em nossa vida. O mar representa o imponderável – o alívio dos fardos – e os recursos infinitos da mente inconsciente. Criaturas como as aves (os grous, por exemplo) podem atuar como "animais de poder" que ajudam os meditadores como agentes de cura ou transformação.

permite promover a cura num ritmo que nos convenha. Reservando alguns minutos todos os dias para contemplar uma mandala – dez minutos são o ideal, no começo –, você dará os primeiros passos numa jornada para longe da ansiedade e do estresse, rumo a um equilíbrio, otimismo e liberdade cada vez maiores. Estes ocorrem quando restabelecemos o contato com nossos recursos interiores e obtemos uma nova visão dos desafios da vida.

Este livro aponta caminhos para a serenidade interior. Você poderá usá-los a fim de extrair energia espiritual de sua fonte interior. Reservar algum tempo para essas mandalas traz saúde a partir de dentro, enquanto você aumenta sua autoestima, aprende a reconhecer a beleza e a força de seu íntimo, estimula sua criatividade, enfrenta seus medos e aceita a mudança. Plenitude, paz e sabedoria ficam logo a seu alcance.

Ao escolher neste livro uma mandala para colorir ou usar na meditação, prefira aquela que, de fato, tenha para você um apelo bastante forte. Todas as mandalas são apresentadas em forma de desenhos. Após os 26 primeiros desenhos, complexos e sofisticados, vem uma seleção de padrões geométricos básicos com os quais você poderá criar os seus próprios desenhos. Depois de escolher sua mandala, oriente-se pelas cores sugeridas para decidir quais irá aplicar ou aplique-as seguindo sua própria intuição. Se a mandala for colorida de acordo com sua preferência pessoal, você poderá iniciar a meditação.

A meditação depende muito da concentração. Assim, antes de usar a mandala que coloriu, encontre um local tranquilo onde possa se sentar longe de distrações e ruídos. Procure absorver a atmosfera de serenidade à sua volta e, logo de início, acalmar a mente, respirando de maneira lenta e profunda. Use o guia passo a passo abaixo para adquirir prática.

COMO MEDITAR COM AS MANDALAS

1. Coloque a mandala escolhida numa mesa ou no piso, ao alcance da mão, diante de você e em linha com seus olhos. Sente-se confortavelmente – numa cadeira, com os pés pousados no piso, ou numa almofada, com as pernas cruzadas.
2. Respire devagar e profundamente, a partir do diafragma, enquanto esvazia e acalma sua mente.
3. Sem esforço, fixe a mandala e relaxe os olhos até que a imagem fique ligeiramente fora de foco.
4. Sentado em silêncio, concentre-se na imagem e faça com que suas formas, padrões e cores trabalhem sua mente inconsciente. Se surgirem pensamentos que o distraiam, deixe-os ir e, sem esforço, concentre-se de novo na mandala.
5. De início, faça isso por pelo menos 5 minutos. Nas sessões seguintes, procure aumentar gradualmente o período de meditação para 15 minutos.
6. Quando estiver pronto, traga lentamente sua atenção de volta ao mundo que o cerca.

SIMETRIA PERFEITA

ESTA MANDALA, CENTRADA NA PROMESSA DE UMA FLOR E SUAS SEMENTES, PODE AJUDAR O MEDITADOR A VOLTAR SIMBOLICAMENTE AO MOMENTO DA CRIAÇÃO E A ENCONTRAR A PLENITUDE NA ESSÊNCIA DO SER. CONSCIENTIZAMO-NOS DE QUE NÃO EXISTE DIFERENÇA FUNDAMENTAL ENTRE SUJEITO E OBJETO.

1. Contemple a forma da mandala. Comece pelos triângulos com faixas, que denotam o mundo físico. Passe em seguida para os círculos concêntricos, que encarnam a perfeição espiritual abrangente. Note os "respingos de lágrimas" em volta das bordas, cuja forma sugere alegria e tristeza.
2. Fixe-se nos triângulos que se irradiam do centro em diferentes direções. Eles representam os princípios masculino e feminino que, conjugados, dão origem à criação.
3. Agora se concentre no centro da flor, com seu agregado de círculos que lembram sementes. Esses círculos simbolizam a divina fonte da vida que pulsa com energia, como se toda a vida vegetal do mundo houvesse sido espremida até ficar do tamanho de um punhado de botões.
4. Faça com que as energias da mandala mergulhem cada vez mais fundo em sua consciência, até que sua mente alcance uma perfeita e serena ressonância.

CORES SUGERIDAS

AGRUPAMENTO CENTRAL DE CÍRCULOS: **verde** para primavera, juventude, renovação, frescor, fertilidade, esperança.
PÉTALAS CENTRAIS: **amarelo** para pureza, verdade, otimismo, realização.
TRIÂNGULOS COM FAIXAS: siga sua intuição para colori-los. Opções: **púrpura** para emoções, autoexpressão; **vermelho** para paixão, sacrifício, dinamismo, força; **marrom** para terra, mundo físico, enraizamento; **laranja** para beleza, criatividade, espiritualidade.
RESPINGOS DE LÁGRIMAS e ESPAÇOS EM BRANCO: **azul** para tranquilidade, eternidade, perfeição.

"TODAS AS COISAS DO UNIVERSO ESTÃO DENTRO DE VOCÊ.
PEÇA-AS A VOCÊ MESMO."

JALAL AD-DIN RUMI

(1207–1273)

HEXAGRAMA

O HEXAGRAMA É UM PAR DE TRIÂNGULOS INTERLIGADOS. REPRESENTA A UNIDADE NA DUALIDADE. NO JUDAÍSMO, ESSE SÍMBOLO É CONHECIDO COMO A ESTRELA DE DAVI E ESTÁ ASSOCIADO A SALOMÃO. HEXAGRAMAS APARECEM TAMBÉM NAS MANDALAS HINDUS E PODEM SER UMA FORÇA SUPREMA PARA A CURA.

1. Identifique o grande triângulo com o vértice para cima, que é masculino e simboliza o Fogo, e o grande triângulo com o vértice para baixo, que é masculino e simboliza a Água.
2. Observe a parte superior do primeiro triângulo, cruzada pela base do segundo: esse é o símbolo do Ar. Passe a seguir para a parte inferior do segundo triângulo, também cruzado por uma barra horizontal: esse é o símbolo da Terra. A mandala contém, portanto, os quatro elementos.
3. Fixe na mente a mandala como um todo. Estará assim absorvendo os quatro elementos, isto é, a criação inteira. O quinto elemento, Espírito, denotado pelo círculo externo, é o meio graças ao qual sua vida interior evolui.

CORES SUGERIDAS

TRIÂNGULOS INTERSECCIONADOS: **laranja** para beleza, criatividade, espiritualidade.
TRIÂNGULO CENTRAL COM VÉRTICE PARA CIMA (interno): **azul** para tranquilidade, eternidade, espírito, perfeição.
CÍRCULO CENTRAL: **verde** para primavera, juventude, renovação, frescor, fertilidade, esperança.
ÁREA COM FAIXAS EM VOLTA DO HEXAGRAMA: **azul** para tranquilidade, eternidade, espírito, perfeição; com finas faixas **amarelas** para pureza, verdade, otimismo, realização.

"AQUELES QUE ME REVERENCIAM COM DEVOÇÃO
ESTÃO EM MIM E EU ESTOU NELES."

O BHAGAVAD GITA

(c. 500 a.C.)

A ÁRVORE DO MUNDO

COM SUAS RAÍZES EM VOLTA DA TERRA E SEUS GALHOS NO CÉU, A ÁRVORE DO MUNDO SIMBOLIZA A CAPACIDADE DE TRANSCENDER NOSSAS ORIGENS HUMILDES NA ESFERA DENSA DA MATÉRIA E ASCENDER À BEM-AVENTURANÇA CELESTE.

1. Contemple a Árvore do Mundo, tão grande que sua copa cobre o dia e a noite. Seus frutos são as boas coisas que a divindade nos dá – a colheita de virtudes que inclui amor, compaixão, paz e autoconsciência. Conhecendo essa árvore e seus frutos, você se torna imensamente privilegiado. Sabe então que, se preservar esse conhecimento no íntimo, cumprirá seu verdadeiro destino.
2. Sinta a essência vital da Árvore do Mundo, que é ao mesmo tempo material e espiritual, subindo pelo tronco e os galhos enquanto você a instala profundamente em sua mente e fluindo pelos canais de seu espírito.
3. Reconheça que, se um galho se parte, a árvore continua de pé. Da mesma maneira, sua essência espiritual é eterna, não importa o que aconteça a seu corpo.

CORES SUGERIDAS

CÉU e OCEANOS no globo: **azul** para tranquilidade, eternidade, espírito, perfeição.
FOLHAS e TERRA no globo: **verde** para fertilidade, terra, natureza, renovação.
ESTRELAS e SOL: **vermelho** para dinamismo, força, desejo; **laranja** para beleza, criatividade, espiritualidade; **amarelo** para pureza, verdade, otimismo, realização.
NUVENS e LUA: **branco** para totalidade, pureza, majestade.

"QUANDO O VENTO DO PENSAMENTO PURO PERPASSA POR SUAS FOLHAS,
A ÁRVORE DO MUNDO SUSSURRA O NOME DO DIVINO."

MEDITAÇÃO MODERNA DA ALEMANHA

POMBO DA PAZ

O POMBO É O MAIS ESPIRITUAL DOS SÍMBOLOS DE AVES. ALÉM DE SUA IMPORTÂNCIA UNIVERSAL COMO EXPRESSÃO DE PAZ E RECONCILIAÇÃO, ELE EVOCA A ALMA PURIFICADA – OU, EM TERMOS CRISTÃOS, O ESPÍRITO SANTO.

1. No círculo externo da mandala, que indica perfeição, observe o padrão contínuo e fluido como uma imagem das energias terrenas. Quando você colorir os círculos internos, eles formarão um arco-íris, bonita manifestação do espírito solar doador de vida.
2. Agora contemple o pombo com seu ramo de oliveira no bico, símbolo da salvação. O pombo é a materialização do espírito puro, semelhante às suas próprias qualidades interiores de amor e paz. Mantenha o pombo em seu olhar como se o estivesse vendo por um telescópio. O fundo negro e insondável atrás dele é a eternidade.
3. Mantenha o pombo na mente, sabendo que ali ele está em casa. Você reconheceu seu sinal, dando as boas-vindas à ave e à sua mensagem de paz.

CORES SUGERIDAS

PADRÃO FLUIDO: **amarelo** *(simbolizando o ouro)* para poder solar, criatividade, espiritualidade; contra um fundo **púrpura** para graça, abundância, beleza.

POMBO: **branco** para pureza, inocência, santidade.

RAMO DE OLIVEIRA: **verde** para triunfo da vida sobre a morte.

CÍRCULOS CONCÊNTRICOS: as cores do arco-íris, **vermelho**, **laranja**, **amarelo**, **verde**, **azul**, **púrpura** (índigo e violeta) para sugerir o ciclo infindável da vida e nosso pacto com a divindade.

"O AMOR TRAZ A PAZ, ASSIM COMO A PAZ TRAZ O AMOR.
A FÓRMULA PERFEITA É O CÍRCULO."

MEDITAÇÃO MODERNA DE SYDNEY, AUSTRÁLIA

FLOCO DE NEVE

O FLOCO DE NEVE É BELO, MAS FUGAZ – MAL TEMOS TEMPO DE ADMIRÁ-LO ANTES QUE ELE SE DERRETA. ASSIM É O MUNDO: NOSSA VIDA E AMORES MUDAM SEM PARAR, MAS EM NOSSO CENTRO ESTÁ O ESPÍRITO IMUTÁVEL, QUE NUNCA DIMINUI.

1. Observe o floco de neve nessa mandala, um dos incontáveis que existem, mas ainda assim completo e perfeito em si mesmo. Capte sua geometria exata e tome consciência, ao apreciar o desenho, de que nenhum outro floco de neve no universo é igual a ele. Deixe que esse pensamento se instale em sua mente. Por alguns minutos, saboreie esse milagre cotidiano.
2. Reflita sobre a força intrínseca do floco, que provém de sua beleza única. Ele é efêmero, mas sem defeito.
3. Imagine que ele esteja a ponto de se fundir. Você está observando a natureza momentânea do floco, da perspectiva de sua própria existência passageira.

CORES SUGERIDAS

FLOCO DE NEVE e CÍRCULOS CONCÊNTRICOS: **branco** para paz, felicidade, pureza, inocência.
FUNDO: **azul** para tranquilidade, eternidade, espírito, perfeição, com toques de **verde-claro** para fertilidade, terra, natureza, renovação. As "vírgulas" no pequeno círculo central devem ser coloridas de acordo com sua intuição.

"O FRACO VENCE O FORTE,
O MACIO VENCE O DURO."

TAO-TE KING

(SÉCULO IV OU III A.C.)

ROSA DO AMOR PURO

ESTA MANDALA É A ROSA-CRUZ, SÍMBOLO QUE DÁ SEU NOME À ORDEM MÍSTICA DOS ROSA-CRUZES. A CRUZ SIGNIFICA OS QUATRO PONTOS CARDEAIS E A ROSA SUGERE O AMOR PURO E O SACRIFÍCIO. O APOIO QUE A ROSA E A CRUZ DÃO UMA À OUTRA AUMENTA O SENSO DE PLENITUDE.

1. Primeiro, observe a cruz, que ancora o espírito no mundo físico. Ela é um símbolo tão poderoso que podemos facilmente imaginar seu ponto central por trás da rosa. A cruz dá apoio à rosa, cujo florescimento a transcende. Ambas estão em perfeito equilíbrio mútuo – uma união exemplar.
2. Examine todas as pétalas da rosa, que embelezam o mundo. Imagine-as como a expansão do amor dentro de seu próprio coração. Embora efêmera, a flor tem seu tempo de realização perfeita. Seu destino se cumpre entre o passado e o futuro.
3. Absorva a mandala toda nas profundezas de seu eu, onde a rosa manifestará amor desprendido, compaixão e percepção espiritual alicerçados na encarnação da cruz.

CORES SUGERIDAS

FOLHAS: **verde** para fertilidade, terra, natureza, renovação.
ROSA: **vermelho** para amor, compaixão, espírito, sacrifício, força.
CRUZ: **marrom** para terra, mundo físico, enraizamento.
FUNDO EXTERNO: **azul** para tranquilidade, eternidade, perfeição.

"A MENSAGEM DO CORAÇÃO NÃO PODE
SER VERTIDA EM PALAVRAS."

MU-MON GENSEN

(1322–1390)

O ETERNO FEMININO

A MANDALA ABRIGA A ESPIRITUALIDADE FEMININA DENTRO DAS PAREDES PROTETORAS DA FORÇA E DO BOM SENSO. NO CENTRO ESTÁ A YONI, O SÍMBOLO CRIATIVO FEMININO, MANTIDO AMOROSAMENTE NO INTERIOR DO LÓTUS DA ILUMINAÇÃO.

1. Primeiro, observe o quadrado em volta do lótus, com suas paredes duplamente reforçadas. Localiza-se entre emblemas do espírito – o círculo externo e os botões de lótus, ambos os quais sugerem pureza e transcendência. O quadrado é o alicerce terreno que nos sustenta e nos impede de perder contato com a verdade eterna. O eterno feminino é ao mesmo tempo terreno e espiritual, prático e místico, compassivo e celeste.

2. Suavize o olhar e liberte todos os pensamentos que lhe ocorreram a respeito do simbolismo da mandala. Faça com que sua mente penetre a flor de lótus e que a flor de lótus desabroche dentro de você. Enquanto medita sobre essa mandala, você absorve as energias do eterno e criativo princípio feminino, que o instala no mundo físico e, ao mesmo tempo, lhe dá o dom da sabedoria intuitiva.

CORES SUGERIDAS

FLOR DE LÓTUS: **rosa** para transcendência, espiritualidade, feminilidade.
YONI: **vermelho** para compaixão, materialidade; **amarelo** para pureza, verdade, realização.
FOLHAS: **verde** para fertilidade, terra, natureza, renovação.
CÍRCULO EXTERNO e MOLDURA QUADRADA: **branco** para sabedoria, pureza, longevidade.
FUNDO: **púrpura** para graça, abundância, beleza.

"POIS A MULHER É O CAMPO ETERNO
EM QUE NASCE O SER."

O MAHABHARATA

(c. 400 a.C. – c. 200 d.C.)

YIN YANG

O SÍMBOLO YIN YANG NO CENTRO DESSA MANDALA É UMA ANTIGA IMAGEM ORIENTAL. ELE REPRESENTA O EQUILÍBRIO ENTRE AS FORÇAS OPOSTAS QUE CONSTITUEM O NOSSO MUNDO.

1. Olhe primeiro para as flores e os outros motivos dentro das formas geométricas principais desta mandala. Aprecie o contraste e a interação dos quadrados e retângulos (o mundo material) com os círculos (eternidade).
2. Agora volte a atenção para a imagem yin yang central. Constate como cada um dos dois elementos contém a semente de seu oposto. Relacione essa ideia aos opostos que estão em equilíbrio dentro de você mesmo: masculino/feminino, ação/imobilidade, percepção/compaixão, interior/exterior etc.
3. Observe os pequenos símbolos yin yang entre o quadrado externo e o círculo que o rodeia, tocando em ambos – sua posição no limite entre o mundo criado e o mundo espiritual é significativa. Pense nesses símbolos como átomos presentes em todas as coisas, a substância universal da existência.
4. Considere a mandala, com toda a sua beleza, uma imagem do cosmos e da célula individual – um espelha o outro, a parte e o todo são inseparáveis dentro de um sistema holístico.

CORES SUGERIDAS

SÍMBOLOS YIN YANG: **vermelho** para princípio feminino, compaixão, interioridade, serenidade; **branco** para princípio masculino, discernimento, exterioridade, ação.

FLORES: **verde** para fertilidade, terra, natureza, renovação; **laranja** para beleza, criatividade, espiritualidade.

CÍRCULO EXTERNO: **azul** para tranquilidade, eternidade, perfeição, imortalidade.

OUTRAS ÁREAS: **amarelo** para poder solar, criatividade, espiritualidade; **púrpura** para graça, abundância, beleza.

"QUEIMA-SE A ARGILA PARA FAZER O POTE.
A UTILIDADE DO POTE É SEU VAZIO."

TAO-TE KING

(SÉCULOS IV-III A.C.)

VITRAL

ESTA MANDALA EVOCA A PAZ DAS IGREJAS E TEMPLOS, QUE PROMOVE A CURA. ELA CAPTA A IRRADIAÇÃO NUTRITIVA DO SOL, O DOM QUE TRAZ A BELEZA DE UM VITRAL PARA A VIDA.

1. Considere as principais imagens em forma de folhas tríplices e quádruplas como um símbolo da natureza – o universo das formas infinitas. O tema do vitral é a harmonia do mundo natural revelada por meio de folhas, flores (dentro de círculos) e pencas de bagas (nos cantos do quadrado central).
2. Perceba o desenho puro ganhar a forma de um vitral de verdade que você esteja contemplando de dentro de um edifício sagrado. Aprecie seu caráter artístico e a habilidade com que foi feito.
3. Finalmente, imagine que o vitral esteja sendo iluminado por trás pela luz cintilante do sol. Todas as cores brilham maravilhosamente. O vitral se tornou um símbolo perfeito da natureza animada pelo espírito e, também, da criatividade humana animada pela sabedoria espiritual. Ao instalar a mandala nas profundezas de sua mente, reconheça que ela reflete a essência de seu verdadeiro eu integral.

CORES SUGERIDAS

PAINÉIS QUADRADOS VAZIOS: **vermelho** para amor, compaixão, espírito, sacrifício, força;
verde para fertilidade, terra, natureza, renovação.
PENCAS DE BAGAS (nos cantos do quadrado central): **azul** para tranquilidade, eternidade, perfeição.
QUADRADO e MOLDURAS CIRCULARES: **amarelo** (simbolizando o ouro) para poder solar, criatividade, espiritualidade.
FOLHAS: **verde** para fertilidade, terra, natureza, renovação.

"VERDADE E MANHÃ SE TORNAM
LUZ COM O TEMPO."
PROVÉRBIO ETÍOPE

PÁSSARO-TROVÃO

PARA OS ÍNDIOS NORTE-AMERICANOS, O GRANDE ESPÍRITO SE MANIFESTAVA SOB DIVERSAS FORMAS NATURAIS, INCLUSIVE O PÁSSARO-TROVÃO. ELE É O GUARDIÃO DO CÉU QUE TRAVA UMA BATALHA ETERNA CONTRA AS SERPENTES DO MUNDO SUBTERRÂNEO.

1. Observe o grande pássaro no centro da mandala, o pássaro--trovão. Veja-o como símbolo da fonte do bem ativo no mundo, a energia que alimenta nossas virtudes e nos mantém de sobreaviso contra os perigos morais.
2. Agora contemple o padrão espiral que rodeia o pássaro--trovão central. Ele representa o florescimento infinito da criação, o princípio dinâmico que anima o cosmos.
3. Absorva as energias do pássaro em sua mente como um totem de seu autoconhecimento espiritual. Quaisquer que sejam suas crenças, essa poderosa imagem do mundo natural – uma ave tranquila na tempestade – pode ajudá-lo a atingir seu objetivo. Absorva seu poder natural e cósmico. Seu potencial agora é grande e você poderá usar as energias transformadoras para se curar.

CORES SUGERIDAS:

PADRÃO EM ESPIRAL: faixas estreitas, **marrom** para terra, mundo físico, firmeza; faixas largas, **amarelo** (simbolizando o ouro) para poder solar, criatividade, espiritualidade.
CÍRCULO EM VOLTA DO PÁSSARO: **vermelho** para amor, compaixão, materialidade, com tons de azul, branco e marrom.
PÁSSARO-TROVÃO: **preto** para sucesso, poder, mistério; **branco** para sabedoria, pureza, longevidade; **amarelo** (simbolizando o ouro) para poder solar, criatividade, espiritualidade.

"OUÇA A VOZ DA NATUREZA,
POIS ELA ENCERRA TESOUROS PARA TODOS NÓS."

PROVÉRBIO HURÃO

CACHOEIRA

ESTA MANDALA MOSTRA A VIDA COMO UM LAGO NO FLUXO INFINITO DO TEMPO. HÁ PERIGOS (CROCODILOS), MAS SE FORMOS PUROS, NADA NOS MACHUCARÁ. ACEITANDO QUE SOMOS PARTE DA NATUREZA, CHEGAMOS À AUTOCOMPREENSÃO.

1. Comece observando a fonte das águas, no alto das montanhas. O arco-íris parece uma aura, simbolizando a beleza e a santidade da vida quando a luz do sol (o divino) brilha através das gotas de água (nossos corpos) na atmosfera.
2. Imagine-se agora o nadador, livre e nu no lago. Você mergulha totalmente na natureza, no modo como as coisas são. Rejubila-se em seu ser, em sua encarnação nesta existência.
3. Você compreende que os perigos físicos são parte integral da natureza, motivo pelo qual os crocodilos, na mandala, parecem também fluir como regatos. Aceite que o arco-íris abençoa tanto os crocodilos como o nadador. A vida é um equilíbrio de forças em perpétua mutação.

CORES SUGERIDAS

ÁGUA: **azul** para tranquilidade, energia natural, liberdade, possibilidades sem fim.
RELVA: **verde** para fertilidade, terra, natureza, renovação.
FOLHAGEM DA ÁRVORE: **púrpura** para graça, abundância, beleza.
CROCODILOS: **marrom** para terra, mundo físico, firmeza.
NEVE (nos picos das montanhas): **branco** para sabedoria, pureza, aspiração.
ARCO-ÍRIS: as cores que o formam – **vermelho**, **laranja**, **amarelo**, **verde**, **azul**, **púrpura** (índigo e violeta) para o ciclo eterno da vida e nosso pacto com a divindade.

"OS CORPOS VÊM E VÃO COMO AS ROUPAS."

SRI SANKARA

(c. 788–820 d.C.)

POLVO

O POLVO É UM SÍMBOLO DA EVOLUÇÃO DA CRIAÇÃO A PARTIR DE SEU CENTRO MÍSTICO E TAMBÉM UM EXEMPLO DE ALTERIDADE. ESTA MANDALA COMBINA AMBOS OS SIGNIFICADOS PARA NOS DAR O SENSO DE QUEM SOMOS E DO QUE A VIDA É.

1. Observe os olhos fixos do polvo e depois as espirais aleatórias de seus oito tentáculos. Estes sugerem as energias infinitas da vida que se projeta do centro místico da criação. O mistério do polvo é o mistério do próprio cosmos.
2. Agora pense no polvo como uma criatura dotada de cérebro e paisagem mental individual – não uma mente propriamente dita, mas uma espécie de visão de mundo. Como seria ser um polvo? Nunca saberemos: muitos dos enigmas da Terra permanecerão fora de nossa compreensão.
3. O polvo expele uma nuvem de tinta negra à sua volta para confundir os inimigos. Você, porém, não é inimigo dele: pode conviver com o polvo e não desejar machucá-lo. De fato, você respeita sua essência vital e o valor da vida que ele tem. Considere a estranha beleza da criatura como uma das bênçãos que você herdou ao nascer – um privilégio que lhe é concedido de graça. Sua vida se enriquece com a observação desse milagre, por mais enigmático que ele permaneça.

CORES SUGERIDAS

POLVO: **púrpura** para graça, abundância, beleza; acrescente pontos verdes se quiser.
TOUCEIRAS DE ERVAS e dois CÍRCULOS CONCÊNTRICOS: **verde** para fertilidade, terra, natureza, renovação.
CAVALOS-MARINHOS: **verde** para natureza e renovação; **amarelo** para pureza, verdade, realização.
ÁGUA: **azul** para infinito, mistério, liberdade, aspiração.

"A ALMA ILUMINADA ESTÁ ABERTA AO ÊXTASE.
TODA MARAVILHA DA NATUREZA ESPELHA O MILAGRE DE SE ESTAR VIVO."

MEDITAÇÃO MODERNA DE LISBOA

LÓTUS FLUTUANTE

O LÓTUS PERMANECE INTOCADO TANTO PELA ÁGUA QUANTO PELA LAMA QUE O ALIMENTA – O QUE LEMBRA NOSSO ESPÍRITO INCORRUPTO. ESTA MANDALA DE CURA DEVE SER VISTA DE CIMA. O REDEMOINHO TEM UM CÍRCULO DE ÁGUAS CALMAS NO CENTRO, QUE PARECEM UM LAGO DENTRO DE UM RIO OU MAR.

1. Observe as águas oceânicas turbulentas do mundo criado. Elas têm sua própria beleza divina e uma energia incansável – a energia criativa que não se esgota nunca.
2. Concentre-se no lago central, circular, que contém o lótus. Como que por mágica, o lago reflete o céu estrelado – uma imagem da impressionante vastidão do cosmos.
3. Contemple o lótus no centro da mandala, com o símbolo yin yang (ou t'ai chi) no meio. O lótus denota espírito puro e abarca os opostos complementares de nossa existência.
4. Por fim, faça com que essas belezas diversas – água, céu, estrelas, flor e nossas naturezas contraditórias – se harmonizem em sua mente, trazendo-lhe paz e bem-estar.

CORES SUGERIDAS

SÍMBOLO YIN YANG: **azul** para princípio feminino, compaixão, interioridade, serenidade; **vermelho** para princípio masculino, percepção, exterioridade, ação.
FLOR DE LÓTUS: **rosa** para amor, empatia, espiritualidade, divindade.
FLORES NOS CANTOS e RELVA: **verde** para fertilidade, terra, natureza, renovação.
OCEANO TURBULENTO e RIO: **azul** para mudança, clima, liberdade, emoção.

"AQUELES QUE CONHECEM A VERDADE
NÃO SÃO IGUAIS AOS QUE A AMAM."

CONFÚCIO

(551–479 A.C.)

LÓTUS DO SOL

O CENTRO DESTA MANDALA É UMA ESPIRAL SOLAR NUM CLARO CÉU AZUL, COLOCADO DENTRO DE UM LÓTUS. ESTE REPRESENTA A BELEZA QUE CRESCE COM AS RAÍZES ENTRANHADAS NA LAMA DE UM LAGO, TAL COMO A ALMA ASCENDE DA CONFUSÃO PARA A ILUMINAÇÃO.

1. Observe o lado externo da mandala, o círculo, que sugere eternidade. Depois, contemple a flor de lótus aberta, símbolo da perfeição espiritual no interior dessa moldura celeste.
2. Agora volte a atenção para o centro da mandala. A espiral, aqui, pode representar a jornada do meditador rumo ao eu – bem como o fluxo primitivo de energia que faz do mundo aquilo que ele é.
3. Perceba sua relação com estes diferentes elementos: a perfeição (círculo externo) que você encontra dentro de você mesmo quando seu coração é puro; o desabrochar da espiritualidade a partir do solo da encarnação (lótus); a energia do sol (espiral) que orienta seu ser terreno.
4. Permita que esses elementos se fundam em sua mente, como na totalidade da mandala. Encontre uma autoconsciência serena nesse pensamento.

CORES SUGERIDAS

ESPIRAL CENTRAL e CÍRCULO EXTERNO: **vermelho** para paixão, espírito, sacrifício, força; **amarelo** para pureza, verdade, realização.

FLOR DE LÓTUS: **rosa** para amor, empatia, espiritualidade, divindade; use também branco e vermelho para um efeito mais variado.

FUNDO: **azul** para tranquilidade, eternidade, perfeição.

"SEM AUTOCONHECIMENTO,
SOMOS RELÓGIOS DE SOL NA SOMBRA."

MEDITAÇÃO MODERNA DE ROMA

FLAUTISTA

O FLAUTISTA É UMA IMAGEM USADA POR RUMI, POETA PERSA DO SÉCULO XIII, PARA SIMBOLIZAR NOSSA ÂNSIA DE UNIÃO COM O ESPÍRITO. A FLAUTA QUER RETORNAR À SUA FONTE – O CANIÇO DE ONDE FOI CORTADA.

1. Observe o flautista tocando ao crepúsculo. Atrás dele estão os caniços de onde a flauta foi cortada. Imagine que a música, a flauta e o flautista são uma coisa só, respondendo ansiosamente ao apelo do divino.
2. Pense na música do flautista como uma expressão muda de sua mente inconsciente – o desabrochar da alma em toda a sua pureza. A música é como o chamado da criança pela mãe – inocente e apaixonado.
3. Agora volte a atenção para as outras formas de vida na mandala – os nenúfares e os peixes. Também eles anseiam pela unidade: o cosmos inteiro é uma coisa só, um vasto sistema de interconexão animado pela força vital. Absorva essas energias em sua mente meditativa e deixe que elas permaneçam lá – o todo dentro do eu, o eu dentro do todo.

CORES SUGERIDAS

FLAUTISTA e PEIXES: **laranja** para beleza, criatividade, espiritualidade.
CREPÚSCULO: **vermelho** para paixão, ânsia, aspiração.
ILHA, CANIÇOS e FUNDO PARA NOTAS MUSICAIS: **verde** para fertilidade, força vital, divindade, renovação.
FLORES DE LÓTUS: **rosa** para amor, empatia, humanidade.
ÁGUA: **azul** para tranquilidade, eternidade, perfeição.

"ALMA PURA, POR QUANTO TEMPO VIAJARÁS? ÉS O FALCÃO REAL,
QUE VOLTA AO OUVIR O ASSOBIO DO IMPERADOR!"

JALIL AL-DIN RUMI

(1207–1273)

FLOR DO EU

NESTA MANDALA, PODEMOS NOS PERDER E NOS ENCONTRAR. ELA REFLETE O FLORESCIMENTO DA AUTOCONSCIÊNCIA, O EU ETERNO EM PLENO DESABROCHAR, A ESSÊNCIA IMUTÁVEL NO ÂMAGO DA SUCESSÃO DE NOSSOS DIAS, SEMANAS, MESES E ANOS.

1. Visualmente, trace os brotos em forma de onda espiralada que rodeiam a flor central. Eles são linhas de energia, cada qual uma onda de devir que revela em si mesma uma flor do ser. As abelhas estão em perpétuo movimento e suas asas batem mais depressa do que os olhos conseguem captar.
2. Agora volte a atenção para a flor central. Absorva o brilho de suas múltiplas pétalas na mente, onde ele permanecerá como um reflexo imóvel das pétalas múltiplas de seu eu, o desabrochar do presente eterno, a verdade essencial da existência, a força vital que anima o cosmos.
3. Há duas abelhas nas pétalas da flor central, mas você não as espanta: fica contente por deixá-las viver seus breves momentos na flor maravilhosa do espírito – momentos semelhantes à nossa própria existência no vasto ciclo da criação e, em escala menor, no ciclo de nascimento, crescimento, vida, morte e renovação neste mundo.

CORES SUGERIDAS

FLORES DE MÚLTIPLAS PÉTALAS: **amarelo** para pureza, verdade, realização, energia solar, otimismo.
BROTOS EM ESPIRAL e FOLHAS: **verde** para fertilidade, terra, natureza, renovação.
FAIXAS CIRCULARES (em volta das inflorescências): **azul** para tranquilidade, eternidade, perfeição.

"A VERDADE ESTÁ DENTRO DE VOCÊ.
PARA VÊ-LA, ABRA O OLHO INTERIOR."

O BUDA

(C. 563–483 A.C.)

ESTRELA NO POÇO

OLHANDO BEM DENTRO DE NOSSO EU, VEMOS NOSSA MAIOR RIQUEZA – SUGERIDA POR UMA ESTRELA QUE SE REFLETE NA ÁGUA NO FUNDO DE UM POÇO. COMO QUALQUER ESTRELA, ELA É INTOCÁVEL, MAS REAL. DÁ-NOS TUDO E NADA. É O OBJETO DE TODA A NOSSA BUSCA.

1. Identifique as diferentes etapas e planos da mandala: o mundo exterior da natureza, o pavimento circular em volta, a base quadrada dentro, o pavimento redondo interno e, por último, a gota vazia do próprio poço.
2. Contemple a estrela que vê refletida na água do poço. Ela brilha intensamente apesar da escuridão e da distância. Veja-a como um farol de esperança, uma afirmação do milagre cósmico.
3. Continuando a observar a estrela refletida pela água do poço, imagine-se olhando diretamente para as profundezas de seu próprio espírito. Quanto mais fundo você descer, mais fortemente brilhará. Sua estrela, única e bela, jamais poderá ser extinta.

CORES SUGERIDAS

ESTRELA: **amarelo** para pureza, verdade, divindade, mistério.
PAVIMENTO: **marrom** para terra, mundo físico, firmeza: alternar com **verde** para fertilidade, força vital, renovação.
QUATRO FLORES: **rosa** para amor, empatia, humanidade.
FOLHAS: **verde** para fertilidade, força vital, renovação.

"PELO QUE SABEMOS, O ÚNICO PROPÓSITO DA EXISTÊNCIA HUMANA
É ACENDER UMA LUZ NA ESCURIDÃO DO SER RUDIMENTAR."

JULIANO DE NORWICH

(1342 – c. 1416)

GOLFINHOS BRINCANDO

OS GOLFINHOS SÃO BRINCALHÕES E COMUNICATIVOS. ALEGRES INSTINTIVAMENTE O TEMPO TODO, USAM A ALEGRIA COMO INSPIRAÇÃO PARA O BEM-ESTAR. O SIMBOLISMO DO GOLFINHO SE COMBINA AQUI COM A IMAGEM DO OCEANO, A PARTIR DO QUAL TODAS AS FORMAS DE VIDA EVOLUÍRAM.

1. Observe os golfinhos nadando no centro da mandala e os dois que fazem acrobacias em volta deles. A capacidade que têm de escapar de seu próprio elemento, a Água, e dançar em outro, o Ar, sugere nosso potencial para a libertação graças ao poder do espírito.
2. Contemple o círculo que os dois golfinhos traçam em sua dança de alegria. O círculo sugere ao mesmo tempo a perfeição espiritual e o ciclo infindável da vida, que sobe e desce, vem e vai como um golfinho.
3. Volte a atenção para as quatro conchas nos cantos da mandala. Cada uma delas é um milagre da evolução, uma prova do gênio da vida em si, com suas miríades de formas.
4. Finalmente, reflita sobre a vastidão do oceano e do céu. Tomando a mandala como um todo em sua mente, absorva a harmonia do cosmos. Nossas vidas são gotas cintilantes de água dentro do oceano resplandecente do ser.

CORES SUGERIDAS

ÁGUA e CÉU: **azul** para tranquilidade, espírito, liberdade, infinito. Use tons diferentes de azul, se possível: claro para o céu, escuro para o mar.

ESPUMA TURBULENTA e NUVENS: **branco** para pureza, verdade, inocência, divino.

CONCHAS: **vermelho** para força vital, paixão, sangue; com branco em volta.

"A GRAÇA É UMA SOBRIEDADE
QUE APRENDEU A BRINCAR."

MEDITAÇÃO MODERNA DE LOS ANGELES

JARDIM AQUÁTICO

O JARDIM É O SÍMBOLO UNIVERSAL DA HARMONIA NA NATUREZA E DA ALMA HUMANA QUE, À SEMELHANÇA DELE, DEVE ESTAR EM HARMONIA CONSIGO MESMA PARA ENCONTRAR A PAZ.

1. Concentre-se primeiro no elemento Água. Os poderes vitais da água, que jorra sem cessar da fonte, dão sustento ao peixe, tal como o amor dá sustento e força à alma.
2. Agora volte a atenção para a estrutura dentro da qual a água está contida. O pavimento em redor do lago é feito de blocos irregulares que se ajustam perfeitamente – símbolo do que o amor incondicional pode fazer e da tolerância do amor para com as imperfeições.
3. Em seguida, note que não consegue focalizar em conjunto as quatro árvores que crescem fora do jardim, mas pode mantê-las na orla da percepção, da mesma forma que o amor pode conter todas as coisas. Identifique o amor com o solo, a chuva e as raízes da existência.
4. Suavizando o olhar, absorva a mandala como um todo na mente e deixe-a aí como um emblema de totalidade, cujas energias permeiam sua mente inconsciente.

CORES SUGERIDAS

PEIXES: **laranja** para beleza, criatividade, espiritualidade.
ÁGUA: **azul** para tranquilidade, espírito, liberdade, infinito.
PEDRAS DO PAVIMENTO e JORROS DOS GOLFINHOS: **cinza** para potencial, incerteza, origens.
RELVA, FOLHAGEM e PLANTAS: **verde** para fertilidade, força vital, renovação.
CERCA CIRCULAR: **marrom** para mundo feito pelo homem, contenção, limites, firmeza.

"VOCÊ É UM OCEANO DE CONHECIMENTO OCULTO
EM UMA GOTA DE ORVALHO."

JALIL AL-DIN RUMI

(1207–1273)

A ESCADA DE JACÓ

NO LIVRO DO GÊNESIS, JACÓ SONHA COM ANJOS QUE SOBEM E DESCEM POR UMA ESCADA ENTRE O CÉU E A TERRA. MESMO EM NOSSA EXISTÊNCIA FÍSICA PODEMOS FRUIR E APROVEITAR AS ORIENTAÇÕES DO DIVINO – DESDE QUE ESTEJAMOS ABERTOS AO AMOR.

1. Comece observando a cidade terrena na base da mandala. Os habitantes estão entregues às suas diversas ocupações e poucos chegam a notar a escada para o Céu: ela existe numa esfera que não é a mundana.
2. Agora contemple o Céu, no alto da mandala. Suas portas estão dentro de você, convidando-o a entrar – tal como a própria mandala estará em seu interior quando você absorver a imagem total em sua mente.
3. Observe os anjos transitando entre o Céu e a Terra. Seu amor pelo divino e o amor do divino os fazem voar. Imagine-os como mensageiros que lhe apontam o caminho para a realização e a paz.
4. Finalmente, refaça a jornada escada acima, rumo ao mundo espiritual. Os anjos o ajudarão. O amor dá forças.

CORES SUGERIDAS

ESCADA e PORTAS DO CÉU: **amarelo** (simbolizando o ouro) para aspiração, criatividade, espiritualidade.
CÉU NOTURNO: **púrpura** para divindade, beleza, majestade; como opção, use preto ou azul-escuro.
ESTRELAS e ASAS DOS ANJOS: **amarelo** para otimismo, realização, mistério.
NUVENS: **branco** para pureza, verdade, inocência.
TÚNICAS DOS ANJOS: **vermelho** para alegria, espírito, dedicação, força.
CIDADE TERRENA: **cinza** para potencial, vazio, imperfeição.

“NÃO DEIXE DE ACOLHER ESTRANHOS, POIS ALGUNS DELES PODEM TER ACOLHIDO ANJOS SEM PERCEBER.”

HEBREUS, 13:2

ILHAS

NENHUM HOMEM É UMA ILHA – ESTAMOS TODOS UNIDOS POR PONTES DO ESPÍRITO, QUE NOS FORTALECEM. EIS AQUI UMA MANDALA QUE TRADUZ ESSA METÁFORA UNIVERSAL EM UMA JORNADA DO EU NÃO ILUMINADO PARA A COMUNIDADE DE FÉ.

1. O ponto de partida é a cidade terrena na base da mandala. Pense em seus milhões de habitantes, cada qual com sua vida e circunstâncias, sonhos e preocupações. Todos são estranhos para você.
2. Agora imagine um arquipélago de ilhas desertas. Todas têm seus moradores, refugiados da cidade superlotada. Permanecem em locais afastados de suas ilhas, incapazes de se conectar uns com os outros.
3. Mentalmente, viaje para cada uma delas a fim de aproximar os habitantes e insuflar-lhes o amor ao próximo. Faça isso graças ao poder de seu próprio amor por toda a humanidade.
4. Finalmente, absorva a mandala inteira em seu coração. Imagine os ilhéus sorrindo uns para os outros, em vez de ficarem olhando para o mar.

CORES SUGERIDAS

ILHAS: **amarelo** para energia solar, verdade, divindade, mistério.
PALMEIRAS: **verde** para fertilidade, força vital, renovação.
ÁGUA: **azul** para tranquilidade, espírito, liberdade, infinito.
EDIFÍCIOS DA CIDADE: **cinza** para potencial, vazio, imperfeição; com janelas amarelas.
VELAS DE JUNCO: **laranja** para beleza, criatividade, espiritualidade.

"A ÚNICA MANEIRA DE FAZER AMIGOS É SER AMISTOSO."

RALPH WALDO EMERSON

(1803–1882)

NAVEGANDO EM PLENA TEMPESTADE

MARES TEMPESTUOSOS DESAFIARAM A FORTALEZA DE ÂNIMO DE INCONTÁVEIS MARINHEIROS. ESTA MANDALA MOSTRA UM NAVIO EM PERIGO. USE-A PARA ENCONTRAR SUA PRÓPRIA RESERVA DE CORAGEM E COMO UMA BÚSSOLA ESPIRITUAL PARA EMPREENDER UMA NAVEGAÇÃO SEGURA.

1. Você está contemplando, da perspectiva de um pássaro, um navio em pleno curso. Você mesmo está seguro, seco e calmo, mas o navio corre perigo – acossado por ondas gigantescas, suas velas à mercê dos raios, a chuva torrencial vergastando a tripulação.
2. Em seguida, contemple a mandala como um todo e perceba sua harmonia. Reconheça que um mundo onde navios podem se perder em meio a violentas tempestades nem por isso deixa de ser um mundo maravilhoso, pois até no mais extremo perigo dispomos dos recursos do espírito para recobrar forças.
3. Note as quatro bússolas na mandala – seus instrumentos para se orientar. Talvez sejam amor, fé, aceitação e compaixão.
4. Agora contemple de novo a mandala como um todo. Imagine que ela reflete a totalidade da vida, com todos os seus desafios e contradições.

CORES SUGERIDAS

NAVIO: **marrom** para resistência, simplicidade, resolução, coragem.

OCEANO TURBULENTO: **azul** para força vital, mudança, inconsciente; **verde** para natureza, fertilidade, crescimento.

CÉU NOTURNO: **preto** para infinito, mistério; ou azul-escuro, se possível.

ESTRELAS: **amarelo** para energia cósmica, verdade, divindade, mistério.

RAIOS, POMBOS e NUVENS: **branco** para pureza, transformação, plenitude.

"SÓ O QUE NÃO SE PODE PERDER NUM
NAUFRÁGIO LHE PERTENCE."

AL-GHAZALI

(1058–1111)

ESPADA DO SAMURAI

A ESPADA É UM SÍMBOLO DE AUTORIDADE E DECISÃO. ESTA MANDALA MOSTRA A EXTREMIDADE DE UM PUNHO DE ESPADA RODEADO POR QUATRO ESPADAS E SUAS BAINHAS. MEDITE SOBRE ISSO QUANDO SE PREPARAR PARA UMA MUDANÇA DE VIDA OU PRECISAR TOMAR UMA DECISÃO SÉRIA, A FIM DE TER PLENA CERTEZA DE SEUS ATOS.

1. Observe o círculo central e, dentro dele, a cruz decorativa na extremidade do punho da espada – uma imagem de criação no seio da perfeição espiritual.
2. Agora volte a atenção para as espadas e bainhas. Nuas, as espadas indicam as decisões que você precisa tomar e sua vontade de agir, no devido tempo, depois de tomá-las. Examine o fio das lâminas e imagine-se testando seu corte cuidadosamente, com a ponta dos dedos.
3. Por fim, tome a decisão de agir da maneira que acha certa. Movimente-se pelo centro da mandala, onde se vê a empunhadura oval no meio do cabo da espada. Os ornatos delicados em volta do punho sugerem ação correta, de acordo com a lei natural.

CORES SUGERIDAS

BAINHAS: **vermelho** para paixão, ânsia, aspiração.
ESPADAS: **branco** para pureza, inocência, ação.
CABO DA ESPADA: **amarelo** para energia solar, verdade, divindade, mistério.
FUNDO PARA ESPADAS e BAINHAS: **azul** para tranquilidade, espírito, liberdade, infinito.
CANTOS ESTAMPADOS: **laranja** para beleza, criatividade, espiritualidade.

"CONFUSÕES E PERIGOS SÃO APENAS A MENTE."

DOGEN

(1200–1253)

ENFRENTANDO O MINOTAURO

O MINOTAURO, CRIATURA MÍTICA EM FORMA DE TOURO QUE VIVIA NO LABIRINTO DA ILHA DE CRETA, REPRESENTA TODOS OS NOSSOS DEMÔNIOS INTERIORES – APEGOS, MEDOS, PAIXÕES. POR MEIO DA MEDITAÇÃO, PODEMOS DOMAR O MONSTRO.

1. Pense no Minotauro como uma fonte de energia negativa que você precisa eliminar. Ao entrar no labirinto, você desenrola um novelo de lã: isso está vinculado ao mundo da segurança, a seu conhecimento de que o monstro jamais poderá realmente prejudicá-lo.
2. Abra caminho em meio à confusão das muitas voltas – você está mergulhando mais e mais nas profundezas de seu ser. E à medida que mergulha, as ilusões se desvanecem uma a uma, deixando sua percepção mais aguçada.
3. Quando, por fim, chega ao centro, descobre que o Minotauro é inofensivo. O que exigia coragem, no início, era o ato de contemplar a verdade sobre você mesmo. Agora que a contemplou e enfrentou, você se comporta num espírito de aceitação total. Está em paz.
4. Finalmente, suavizando o olhar, absorva a mandala em sua mente – labirinto, fio de lã, touro etc. Agora você vê tudo isso num espírito de desapego total. Ansiedades e feridas se foram para o reino da ilusão.

CORES SUGERIDAS

MINOTAURO e ESPAÇOS EM BRANCO, inclusive os corredores do labirinto: **marrom** para resistência, simplicidade, resolução, coragem.

PAREDES DO LABIRINTO: **amarelo** para progresso, desafio, mistério.

FIO DE LÃ: **vermelho** para boa sorte, destino, força (colora uma faixa estreita ao longo do fio desdobrado que aparece como uma linha preta).

"NÃO É PORQUE AS COISAS SÃO DIFÍCEIS QUE NÃO AS FAZEMOS,
É PORQUE NÃO AS FAZEMOS QUE ELAS SÃO DIF´CEIS."

SÊNECA

(c. 4 a.C. – 65 d.C.)

CAUSA E EFEITO

DIZ-SE QUE, QUANDO UMA BORBOLETA BATE AS ASAS NO JAPÃO, PROVOCA UM FURACÃO NA LUISIANA. PERCEBER QUE TODOS OS EVENTOS DO MUNDO ESTÃO INTERLIGADOS É COMPREENDER QUE CADA UM DE NÓS DEVE ASSUMIR RESPONSABILIDADE POR SEUS ATOS.

1. Observe as três engrenagens interconectadas. Elas são uma forma óbvia de causa e efeito.
2. Olhe agora para a borboleta, cujas asas batem metaforicamente para provocar uma tempestade do outro lado do mundo. Esse é um exemplo de causa produzindo seus efeitos de maneira invisível. Essas conexões que não vemos ocorrem ao longo de toda a nossa existência.
3. Contemple a mandala como um todo: sua forma assimétrica em volta da roda interna esconde a harmonia do cosmos. Do mesmo modo, qualquer desequilíbrio em nossa própria vida oculta o todo unificado do espírito.
4. Finalmente, suavizando o olhar, fixe-o no cubo da roda central. Conscientize-se plenamente de que toda vida gira em torno de um ponto central imóvel. Deixe que esse pensamento se aninhe suavemente dentro de você.

CORES SUGERIDAS

RODA CENTRAL: **amarelo** para energia solar, verdade, divindade, mistério.

RODAS SECUNDÁRIAS: **marrom** e **azul**, as cores da terra e do mar, da criação e do espaço infinito.

BORBOLETA: **vermelho**, **amarelo** e **azul** para a variedade e o encanto da vida.

FUNDO EM REDEMOINHO (com círculo externo): **verde** para natureza, fertilidade, crescimento.

OCEANO: **azul** e **branco** para efeito realista.

"POR MEIO DO QUE ESTÁ PERTO,
COMPREENDEMOS O QUE ESTÁ LONGE."

HSUN-TZU

(c. 300-238 a.C.)

PAGODE DO ESPÍRITO

O PAGODE ACRESCENTA UMA DIMENSÃO ESPIRITUAL AO JARDIM JAPONÊS, REPRESENTANDO NOSSA SUBIDA À BEM-AVENTURANÇA CELESTE EM ETAPAS DE ILUMINAÇÃO. ESTA MANDALA SIMBOLIZA TAMBÉM O EQUILÍBRIO ENTRE NATUREZA E ARTIFÍCIO.

1. Encare o pagode como uma sucessão de templos isolados, um construído em cima do outro. Trata-se do triunfo do artístico sobre o informe, mas sua finalidade não é engrandecer a humanidade e sim afirmar a vitalidade do espírito – a criatividade a serviço do divino.
2. Observe que o pagode tem os lados abertos, sob a inclinação acentuada do teto. O edifício é um ponto de encontro entre o vazio e o sólido.
3. Atente agora para o nível superior, com seu teto pontiagudo. Ele simboliza o espírito, o coroamento da glória do mundo criado. Não importa a etapa em que você estiver em sua jornada, sempre poderá avistar claramente seu destino. Todas as escadas que subirá lá estão, ao seu alcance para a descoberta.
4. Suavizando o olhar, absorva a mandala inteira em sua mente como uma imagem da realidade que harmoniza diversas camadas.

CORES SUGERIDAS

TETOS DO TEMPLO: **verde** para natureza, fertilidade, crescimento, tranquilidade.

FLORES: **rosa** para amor, empatia, humanidade.

CÉU e LAGO: **azul** para infinito, potencial, liberdade.

NUVENS: **branco** para pureza, verdade.

MOLDURA CIRCULAR: escolha as cores de acordo com sua intuição.

"A LÓGICA O LEVARÁ DE A A B. A IMAGINAÇÃO O LEVARÁ A TODA PARTE."

ALBERT EINSTEIN

(1879–1955)

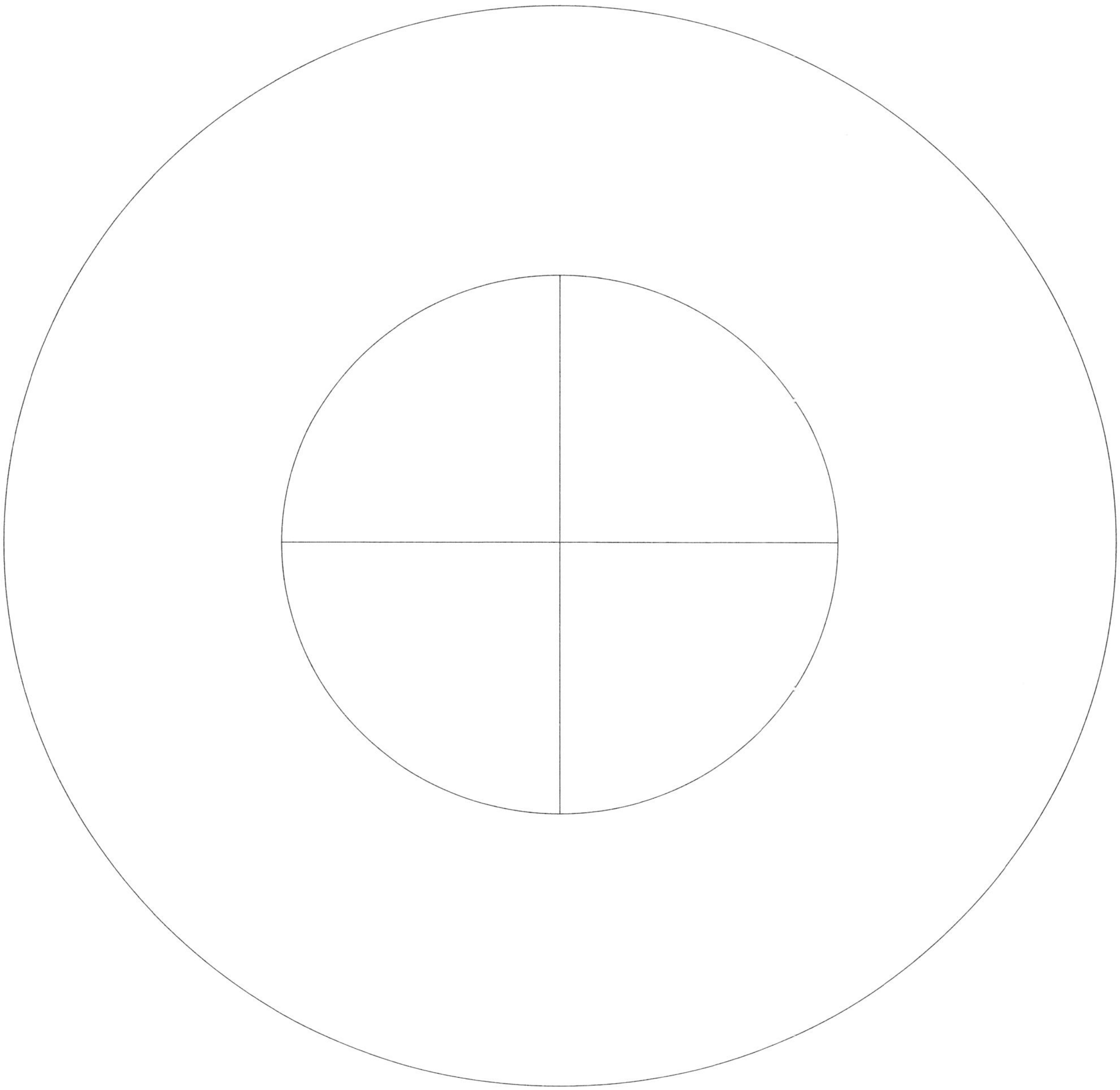

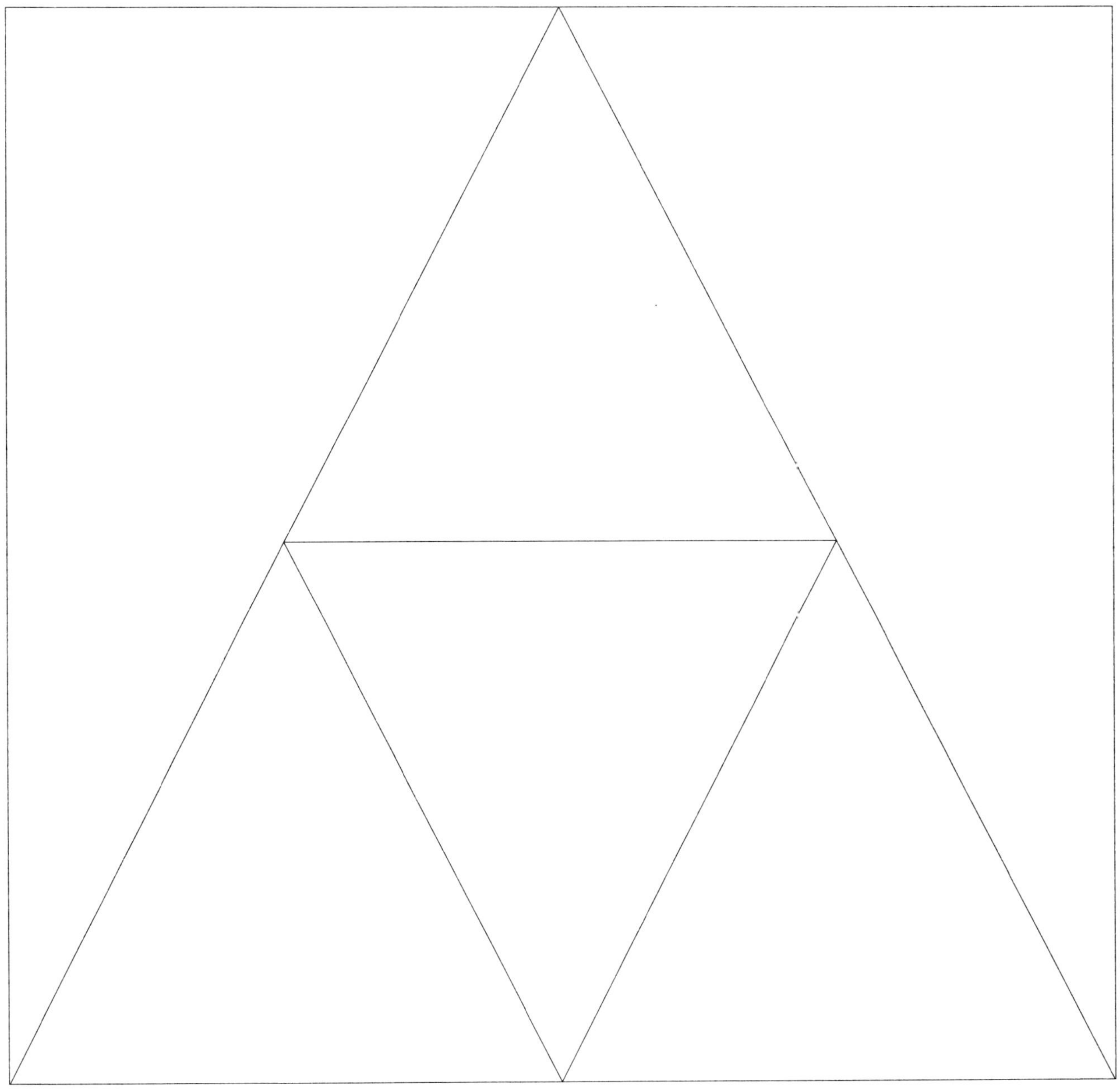

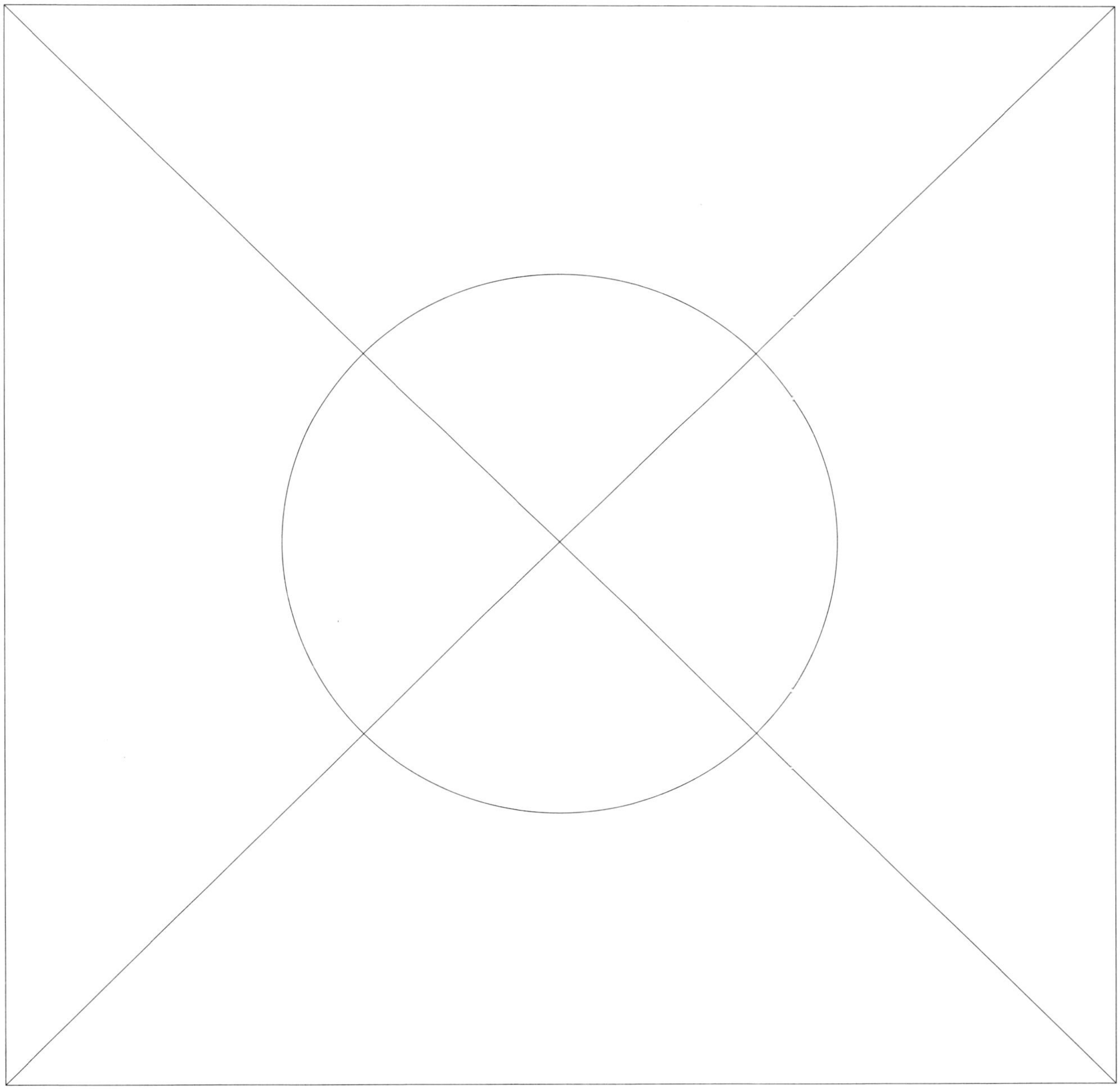

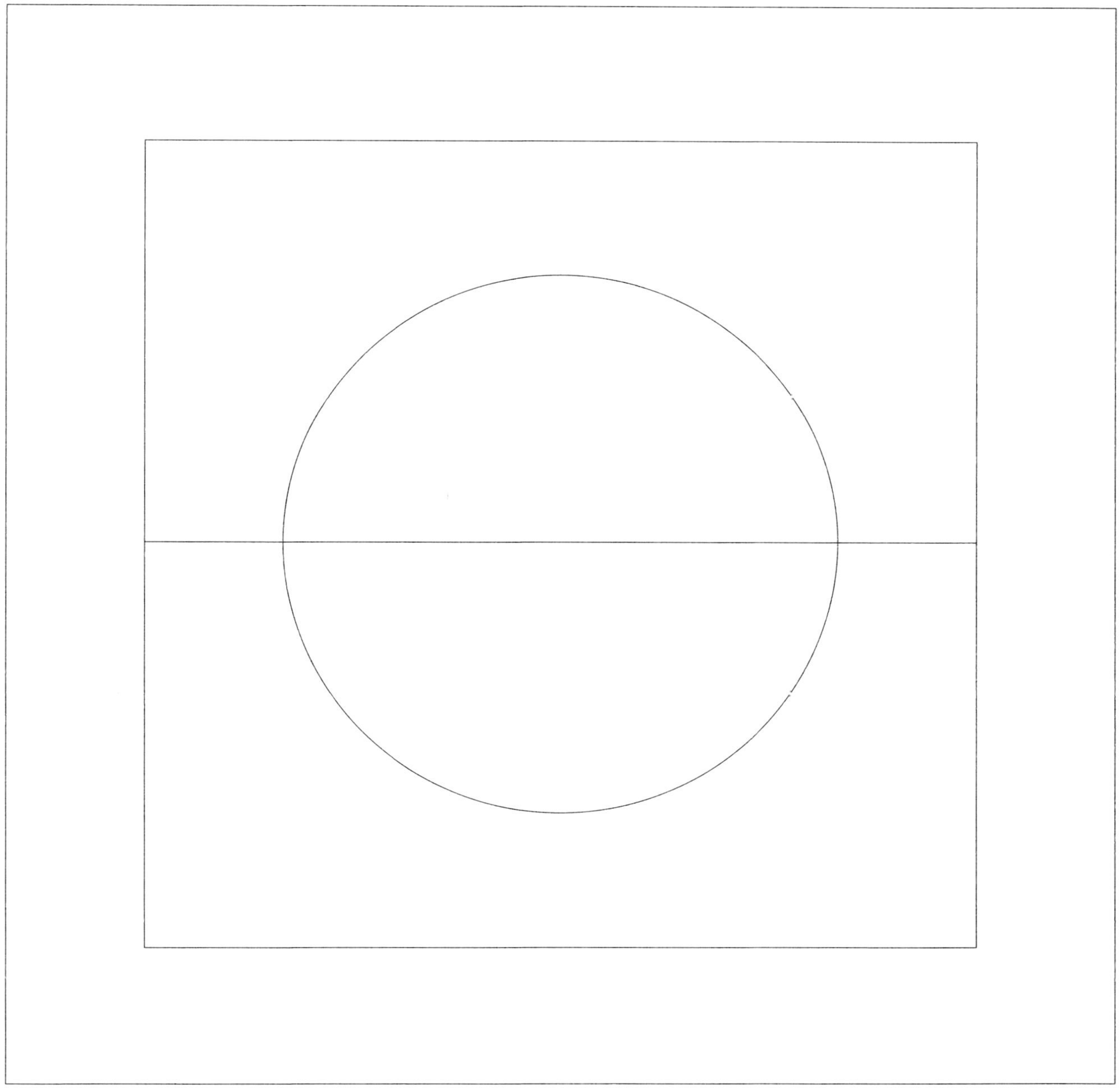

SÍMBOLOS DE CURA

As imagens são mais antigas e mais universais que os alfabetos, as palavras ou a escrita, pois vão diretamente ao nosso inconsciente coletivo. Ao longo da história e no mundo inteiro, vêm sendo usadas para exprimir sentimentos, provocar reações, contar histórias e divulgar filosofias – mas também curar e ampliar o senso de conexão tanto com a natureza quanto com nossa fonte espiritual.

Embora o significado dos símbolos varie até certo ponto de cultura para cultura, nossa experiência comum como seres humanos – principalmente a da natureza e a do ciclo vital de nossa vida – engendrou uma linguagem universal de simbolismo. Uma vez que motivos como a árvore, a flor, a água, o fogo, o sol, a lua e os golfinhos brincalhões no oceano falam intuitivamente às pessoas, não importa a raça ou o credo, eles encerram enorme potencial para exploração na cura. Esses símbolos formam a base de muitas mandalas deste livro.

Também universal é a geometria simbólica da mandala: o círculo que não tem fim, o triângulo que sugere uma chama, o quadrado que representa o mundo criado. Outros símbolos mais culturalmente enraizados – o Olho de Hórus dos egípcios, o símbolo sânscrito Om, os hexagramas I Ching da China – possuem uma beleza intrínseca e um significado duradouro que lhes conferem força universal.

A geometria é um elemento-chave no simbolismo da mandala. A mente é atraída pelas formas geométricas que, como objetos de meditação, ajudam a montar uma moldura positiva para nossos pensamentos. Isenta de conteúdo representacional explícito, a geometria tem uma pureza que a capacita a funcionar muito bem como local de repouso mental. No entanto, ao mesmo tempo, ela pode ser rica em implicações. Oferece modos de visualizar, por exemplo, a interação entre espírito e carne (a cruz) ou o conceito de eternidade (o círculo)

A natureza é fonte de inspiração e valor. Somos inspirados pela vastidão e complexidade de um cosmos que estará para sempre fora de nosso controle. Encontramos beleza e profundidade quando nos esquecemos na contemplação de formas de vida que desafiam a compreensão total. Nas mandalas, as associações profundamente simbólicas de plantas, e às vezes animais, falam-nos a partir de um nível que transcende as diferenças culturais. Em certa medida, uma árvore ou uma flor possuem significado geral alusivo aos ciclos da natureza, enquanto os animais tendem a representar o Outro, um eu que, decisivamente, não é o nosso. Mas quando consideramos famílias ou espécies de plantas e animais isoladamente, um simbolismo mais específico entra em cena – por exemplo, a associação do pinheiro, na tradição japonesa, com a longevidade, ou a do gato, na tradição ocidental, com a flexibilidade ou sutileza instintivas.

Toda vez que você for meditar sobre as mandalas deste livro, mantenha a mente aberta às inúmeras possibilidades de interpretação. Uma imagem pode suscitar várias associações – a rosa, por exemplo, pode significar o amor, a beleza e a compaixão. Sua resposta a um motivo qualquer, a qualquer tempo, refletirá não apenas sua visão de mundo, sua formação cultural e seu conhecimento, mas também seu humor variável. Esse aspecto de variabilidade acrescenta profundidade à meditação com mandalas e amplia seu potencial de cura.

CATÁLOGO DE SÍMBOLOS DAS MANDALAS DE CURA

As mandalas geralmente se formam em volta de um ponto central, conhecido como *bindu* – termo sânscrito para "ponto". A meditação, com frequência, culmina com o praticante se concentrando intensamente no centro e perdendo seu senso de identidade num processo de absorção total. Em volta do ponto central, há espaço para vários tipos de simbolismo de cura. Os elementos, por exemplo, encerram significado positivo universal: a árvore dá vida e liberta (da gravidade); o Ar é a essência da respiração; o Fogo nos purifica de maus hábitos; e a Terra nos dá firmeza. O simbolismo animal nos ensina os atributos de várias criaturas cujos poderes ultrapassam os nossos – como os pássaros, que podem voar; os leões, os tigres e os ursos, que possuem força imensa; e a borboleta, com sua capacidade de transformação radical. Uma mandala de cura também pode se inspirar em séculos de simbolismo cultural acumulado em diversas tradições orientais e ocidentais: o lótus, a rosa, a estrela, a cruz, a escada para o céu e o símbolo yin yang (ver p. 72) incidem todos nessa categoria com seus significados múltiplos e profundos.

Abelha
Símbolo de fertilidade e sexualidade, que promete realização nos ciclos da vida.

Crocodilo
Como o fogo, o crocodilo não é apenas destrutivo: pode ser também purificador.

Cavalo-Marinho
Símbolo de encantamento e mistério que reflete a força vital no seio do cosmos.

Pagode
Local de refúgio, cura e harmonia, com aspiração à bem-aventurança espiritual.

Ponte
Uma transição para o bem-estar, a plenitude e a realização conquistados mediante ação consciente.

Minotauro
O demônio interior – nossa natureza primitiva, que a coragem e o amor nos permite domar.

Estrela no Poço
O tesouro do espírito nas profundezas escuras de nosso ser, como a estrela refletida na água de um poço.

Pombo
Um mensageiro divino de redenção, um motivo para termos fé e esperança.

Borboleta
Símbolo universal de mudança e jornada para a perfeição espiritual.

Yin Yang
O equilíbrio complementar dos opostos – aqui mostrado dentro do lótus do espírito.

Pássaro-Trovão
Segundo a crença dos índios norte-americanos, uma visão do poder infinito e da divindade.

Espada do Samurai
Símbolo de decisão – inclusive a vontade firme de superar a adversidade.

Peixe
Criatura com vários significados, como profecia, intuição e qualidade feminina.

Ilha
Lugar de solidão potencial, rodeada pelo oceano de cura e paz.

Escada de Jacó
A dissolução dos limites entre Terra e Céu – uma visão mística da recompensa eterna.

Título original: *Healing Mandalas*.

Publicado pela primeira vez na Inglaterra em 2013 pela Watkins Media Limited – http://www.watkinspublishing.com.

Texto de acordo com as novas regras ortográficas da língua portuguesa.

1ª edição 2015.

Editor: Adilson Silva Ramachandra
Editora de texto: Denise de Carvalho Rocha
Gerente editorial: Roseli de S. Ferraz
Produção editorial: Indiara Faria Kayo
Assistente de produção editorial: Brenda Narciso
Editoração eletrônica: Join Bureau
Revisão: Vivian Miwa Matsushita

Dados Internacionais de Catalogação na Publicação (CIP)
(Câmara Brasileira do Livro, SP, Brasil)

Tenzin-Dolma, Lisa
Mandalas de cura : imagens inspiradas para desenhar, colorir e meditar : acompanhadas de indicações de cores com base na cromoterapia / Lisa Tenzin-Dolma ; tradução Gilson César Cardoso de Souza. – São Paulo : Pensamento, 2015.

Título original: Healing mandalas
ISBN 978-85-315-1919-2

1. Arteterapia 2. Mandala 3. Mandala – Uso terapêutico 4. Meditação I. Título.

15-06289 CDD-203.7

Índices para catálogo sistemático:
1. Mandalas : Uso terapêutico 203.7

Direitos de tradução para o Brasil adquiridos com exclusividade pela EDITORA PENSAMENTO-CULTRIX LTDA., que se reserva a propriedade literária desta tradução.
Rua Dr. Mário Vicente, 368 – 04270-000 – São Paulo – SP
Fone: (11) 2066-9000 – Fax: (11) 2066-9008
http://www.editorapensamento.com.br
E-mail: atendimento@editorapensamento.com.br
Foi feito o depósito legal.

Nota do Editor: Este livro não recomenda a meditação com mandalas para o tratamento específico de doenças, apenas para a melhora geral do bem-estar. A meditação é benéfica para a maioria das pessoas e, em geral, não causa danos; entretanto, quem não tiver certeza de que ela lhe convém deve consultar um médico antes de tentar qualquer meditação aqui apresentada. Nem o editor nem a autora se responsabilizam por possíveis lesões ou problemas ocasionados pelas recomendações deste livro ou pela prática das técnicas de meditação aqui mencionadas.